Je suis Zélie

Une petite fille pas comme les autres

ISBN : 978-2-84024-887-3

Société des Œuvres Communautaires, mars 2015
Conception de la couverture : Martin Casteres
Illustration de la couverture : Photo de l'empreinte du pied
de Zélie Vilain à la naissance

Armelle Boyer

Je suis Zélie

Une petite fille pas comme les autres

EdB

Pour Kelly-Rose, un trésor au Ciel.
Pour Anne-Joséphine, un trésor sur terre.

Préface

Papa et Maman sont assis autour de la table de la cuisine avec une grande dame brune, bloc-notes et crayon à la main. Elle semble légèrement anxieuse et ne sait pas trop comment démarrer les échanges, comme s'ils allaient tous les trois aborder un délicat sujet. Une tisane bien chaude, une délicieuse tablette de chocolat sur la table drapée d'une nappe à pois colorée et une affection palpable rendent l'atmosphère chaleureuse. Je me demande bien ce que cette pseudo journaliste, qui peine à comprendre le fonctionnement de son caméscope, attend de mes parents en cette soirée pluvieuse de septembre. Et voilà que la dame prononce mon prénom, Zélie ! Je comprends mieux tout à coup sa voix hésitante pour entamer la discussion car depuis mon origine, mon existence déconcerte et suscite incompréhension et malaise.

Je m'appelle Zélie, Marie, Félicité.

À l'abri dans le berceau du ventre de Maman, qui n'a eu de cesse de me protéger comme un trésor inestimable, j'ai rejoint le Ciel le 3 août 2011.

Je suis la cinquième d'une belle fratrie joyeuse et turbulente. Désirée par chacun d'eux comme une promesse d'avenir, faite de rires et de jeux, de crêpages de chignons en réconciliations, de pleurs et de tendresse. Bref, de tout ce qui forme une famille nombreuse pleine de vie !

Mais je ne suis pas une petite fille comme les autres. Je n'ai pas couru dans les bras forts et tendres de Papa. Je n'ai pas senti les baisers et la douceur de Maman. Je n'ai pas joué avec mes frères et sœurs qui m'auraient guetté avec tant d'impatience et de jubilation pour les rejoindre dans leur univers d'enfants. Je n'ai pas eu ces bonheurs là. En fait, je leur ai procuré une peine profonde, bien malgré moi…

À mon tour cette fois, de mon Éternité, de veiller sur eux. Cette famille qui m'a été donnée et qui a eu tellement à cœur de prendre soin de moi, envers et contre tout, bravant avec force et obstination tous ceux qui refusaient de sauvegarder mon existence fragile et vulnérable.

Serait-il possible que ma vie terrestre si brève, si insignifiante pour bon nombre de personnes, ait une quelconque valeur aux yeux du monde ?

Je suis là, ce soir, au milieu de ce trio attablé, présence invisible et aimante, alors qu'ils retracent ensemble ma fragile et courte vie…

1

*« Quiconque accueille un petit enfant tel
que lui à cause de mon nom,
c'est moi qu'il accueille*[1]. »

Après la première échographie de datation faite avec le docteur G le 8 février 2011, Maman rentre toute joyeuse à la maison et dit à Papa que tout va bien pour moi. Comme ils savaient que cette nouvelle réjouirait vraiment toute la famille, mes parents ont à cœur d'annoncer mon arrivée future à mes frères et sœurs comme une

1. Mt. 18, 1-5.

grande fête. Nous allons donc tous à la pizzeria pour célébrer cela dans la joie. Youpi, un bébé à la maison ! Je suis une magnifique surprise pour tout le monde, un vœu qui se réalise et ça, c'est chouette ! Je suis encore bien microscopique me direz-vous, mais mon cœur bat déjà la chamade, je gigote dans le ventre de Maman et perçois la joie autour de moi, puisque je suis en elle.

Mais le répit est bien éphémère car les événements commencent à changer de tournure dès la première échographie officielle, un mois plus tard. Maman y va toute seule parce que Papa ne peut pas se libérer. Nous sommes toutes les deux.

Le docteur G, l'obstétricien qui fait l'échographie, m'ausculte attentivement sous toutes les coutures avec sa caméra, presque fasciné par ce qu'il a sous les yeux, entre autre moi. Il se met à parler à Maman d'une voix monocorde, pour le moins décontractée, un peu comme s'il parlait à une personne parmi tant d'autres, utilisant un jargon bien à lui en chiffrant la clarté nucale[2], évoquant un rein dysphasique, un placenta postérieur atypique, une nuque épaisse… et autres termes médicaux incompréhensibles pour qui n'est pas familier du milieu médical.

Malgré toute sa science sans aucun doute très vaste, il semble en apparence ne pas se soucier de Maman qui est là, si près de lui, blessée dans son instinct maternel, le cœur en vrac et l'angoisse au ventre. Il déblatère ainsi ses conclusions me concernant mais pas une seule seconde il ne paraît se préoccuper de savoir si Maman comprend son langage, sans laisser transparaître la moindre bienveillance ou empathie à son égard…

J'aimerais bien ne pas trop accabler ce monsieur car il faut dire qu'il ne met plus au monde les bébés, ne faisant plus

2. La mesure de la clarté nucale est un examen réalisé lors du premier trimestre de la grossesse. Couplé à un examen sanguin, il permet d'estimer le risque de trisomie du fœtus (trisomie 21, 13 et 18). Plus cette épaisseur est élevée, plus le risque que le bébé soit trisomique est augmenté.

à présent que les échographies. Peut-être a-t-il alors tendance à se détacher naturellement du petit être qui vit dans le ventre de la maman qu'il ausculte ? Ou bien est-il tout simplement mal à l'aise face à cette situation complexe ? Serais-je pour lui une curiosité sans valeur ?

Il l'envoie ensuite faire une prise de sang afin de confirmer son diagnostic et l'oriente aussi vers un caryotype fœtal[3].

Ma pauvre Maman l'écoute sans trop comprendre qu'il y a un véritable souci et c'est seulement à la fin de son monologue au ton uniforme qu'elle finit par réaliser la teneur de ses propos.

En attendant, quelle peine j'ai pour elle et je ne peux pas la consoler, moi la source de sa tristesse.

Mais je suis là, bien vivante. Imparfaite mais vivante ! Je voudrais bien qu'il

3. Le caryotype est obtenu par une ponction du liquide amniotique. Il est destiné à mettre en évidence l'état des chromosomes de l'enfant à naître.

comprenne, cet homme robot, la douleur d'une maman.

Après s'être contenue pendant tout l'examen devant ce personnage si distant, Maman s'effondre au téléphone avec Papa, peinant à prononcer les mots pour lui dire que je suis handicapée, et que d'après ce médecin, je suis atteinte de la trisomie 21, que l'on nomme aussi le syndrome de Down. C'est une anomalie chromosomique congénitale provoquée par la présence d'un troisième chromosome 21 qui s'est invité sans être vraiment le bienvenu dans ma composition caryotype[4], entraînant ainsi une certaine déficience intellectuelle. Celle-ci peut être légère ou non selon chaque enfant, mais je bénéficie néanmoins avec certitude

---

4. Un caryotype se présente sous forme de photographie. C'est l'étude de la formule chromosomique, c'est-à-dire le nombre et la forme structurale des chromosomes contenus dans les cellules d'un être vivant. Cela permet de détecter les aberrations chromosomiques ou d'identifier certains aspects du génome de l'individu, comme le sexe (XX ou XY).

dans mon « capital beauté » d'un visage dit typique, d'aucuns diraient atypique !

Je sais, moi, que je suis toute mignonne, mais juste pas vraiment dans la norme de certains…

Après le coup de fil pesant de cette annonce de ma trisomie 21, Maman se réfugie à l'adoration, c'est-à-dire devant la Présence réelle du Christ dans l'Eucharistie. Elle est sous le choc de cette nouvelle et ressent le besoin d'être auprès d'un Dieu d'Amour qui réchauffe et guérit les cœurs blessés, comme étant pour elle la seule personne qui puisse l'aider.

Papa la rejoint. Elle sait qu'il l'épaulera, lui aussi !

Une paix et une confiance s'installent doucement. Son cœur se dénoue et son corps se détend au fil de l'heure qui passe.

Peu de temps après, au cours d'une nuit agitée sans trouver le sommeil, une phrase lumineuse de l'évangile de Saint Matthieu s'impose à elle comme une réponse à toutes ces angoisses qui la tiraillent : « *quiconque accueille ce petit enfant à cause de mon nom, c'est moi qu'il accueille.* » (Mt. 18, 1-5) Elle l'a bien souvent entendue mais elle prend une réalité nouvelle. Maman se sent apaisée et il lui semble alors que ma vie prend sens dans sa tête et dans son cœur.

Comme Il doit m'aimer, Dieu, en disant que moi si petite et déjà fragile, je suis en fait si grande à ses yeux ! Quel trésor immense pour Maman de voir que j'ai tant de valeur ! Cela lui donne une force nouvelle.

Pour Papa, la préoccupation première devient alors de soutenir son épouse autant que possible. Il est d'abord son mari avant d'être mon Papa. C'est chouette ainsi car je sens bien qu'elle va en avoir besoin quand je vois les premières réactions des personnes qui doivent veiller sur elle et sur le suivi de sa grossesse.

Il se sent en « mode survie » car il va falloir gérer les étapes les unes après les autres.

En effet, une multitude de questions pratiques surviennent : comment m'accueillir, comment vivre avec une enfant handicapée, comment aménager notre maison qui nécessite déjà tellement de travaux de toute part, quelles habitudes de vie vont se modifier, etc.

Bref, c'est un papa, alors il se sent pleinement responsable de tous les aspects matériels et pratiques que ma venue engendre.

Mais aussi des questions plus profondes et non des moindres : comment m'aimer ?

Papa a peur de ne pas être à la hauteur et tout est si incertain et confus.

Le docteur G propose comme solution pour une enfant comme moi, l'avortement, c'est-à-dire m'extraire de force du ventre de Maman et ainsi mettre fin à mes jours prématurément. Son approche est de proposer inlassablement une amniocentèse[5],

5. L'amniocentèse consiste à effectuer une ponction du liquide amniotique à travers la paroi abdominale et utérine. Elle permet de repérer et de diagnostiquer des anomalies génétiques et chromosomiques.

qui en soit n'est utile que si l'on va dans le sens de l'avortement. En effet, en acceptant l'amniocentèse, le risque de fausse couche existe. Elle peut parfois entraîner une fissure de la poche des eaux, un décollement du placenta ou une infection et ainsi déclencher une fausse couche.

Les médecins vont même jusqu'à redire qu'il n'y a pas de limites dans le temps !

Ils veulent m'euthanasier, tout simplement : je n'ai pas le droit de vivre, mais j'ai le droit de mourir.

La grande bataille pour me préserver commence : nous réalisons qu'aux yeux des médecins, je ne suis pas une toute petite fille en pleine croissance mais un amas de cellules.

Je n'ai de valeur qu'aux yeux de ma famille.

Maintenant, Papa et Maman craignent de devoir faire cavaliers seuls face au monde médical. Tous les deux au coude à coude, et moi au milieu d'eux, certes à l'abri, mais vulnérable dans le ventre de Maman.

Dieu merci, mes parents gardent en plus de leur foi chevillée au corps, une conviction forgée pendant leurs fiançailles, qu'ils laisseront à leurs enfants leur temps de vie sur cette terre, quel que soit leur état de santé. Maman se dit : « bon, ma cocotte, cet idéal que nous nous sommes fixé, eh bien maintenant, il s'agit de l'assumer ! » Elle sait alors d'avance qu'elle trouvera auprès de son mari un soutien solide. Ils se sentent soulagés d'avoir pris le temps depuis bien longtemps de réfléchir ensemble à ce qu'ils feraient si par hasard ils se trouvaient un jour face à une telle situation. Ils s'appuient alors fermement sur cette conviction profonde : c'est une évidence de garder ce bébé, quel qu'en soit le prix.

Quel soulagement pour moi : ouf j'ai la vie sauve !

Mon cœur est paraît-il fragile mais là je peux vous dire que je respire bien paisiblement.

Un messager postal providentiel arrive : Maman trouve dans sa boîte aux lettres un prospectus de la fondation Jérôme Lejeune. Elle a pour objectif de faire des recherches sur les différentes maladies génétiques de l'intelligence en développant et coordonnant les travaux des chercheurs et en finançant des programmes en France et à l'étranger.

Mais elle se dédie aussi aux soins des malades et à leur famille. Ce centre de consultations médicales spécialisées prévient et traite en particulier les surhandicaps affectant fréquemment les enfants atteints de trisomie 21. Au-delà du suivi médical proprement dit, d'autres spécialistes (psychologue, pédagogue, assistante sociale, etc.) accompagnent les malades pour faciliter leur insertion, notamment en milieu scolaire, traiter la déficience intellectuelle et les conduire progressivement à l'autonomie.

Enfin, la fondation défend la vie des personnes handicapées et ce, dès la conception !

Maman les appelle aussitôt. On lui passe un médecin qui après l'avoir longuement écoutée avec attention lui donne son numéro de portable et ajoute : « Je suis joignable jour et nuit. » Les tous premiers mots de réconfort, et pour mes parents, le sentiment rassurant de ne plus être seuls ! Il ajoute aussi : « Appuyez-vous sur vos enfants, vous verrez, ils vont vous aider à vivre tout cela et vont vous étonner ! » Encouragés par ce médecin, Papa et Maman expliquent alors à mes frères et sœurs, par des mots simples et accessibles, que je ne suis pas en bonne santé et leur demandent de prier pour moi. Ils se sentent apaisés d'être honnêtes avec eux et puis cela permet de vivre pleinement les choses en famille, dans l'unité. Ainsi personne ne joue la comédie et chacun semble dans la paix

Le médecin conseille par ailleurs de faire une échographie du cinquième mois à Paris chez une femme très compétente qui a la particularité d'oser prendre le risque de poser un diagnostic positif si elle a la certitude que le bébé ne présente aucun signe de malformation.

En effet, de manière générale, dans le cas d'une suspicion de complication médicale pour un bébé, les médecins optent en priorité pour une version alarmiste. L'œil est alors aux aguets des dysfonctionnements qu'il faut exprimer aussitôt mais ils se gardent toujours de se montrer trop confiants pour autant. Il parait que les procès pleuvent sur eux bien facilement quand ils ont le malheur de ne pas détecter les anomalies…

En cette fin de mois de mai, nous partons donc pour Paris avec Agathe, ma grande sœur. Elle va en profiter pour passer le week-end chez sa marraine.

Une amie de Maman, Aurélia, sera à ses côtés pour ce rendez-vous médical si important car Papa ne peut pas venir et elle ne se sent pas la force de l'affronter seule. De plus elle veut être sûre, aidée par des oreilles supplémentaires, de bien saisir la portée de ce qui va lui être dit.

Maman est encore pleine d'espoir que finalement tout aille bien et que je n'ai peut-être juste qu'un retard de croissance. Mais la déception pourrait aussi, le cas échéant, être bien grande…

Elle est tout de même détendue car elle a réussi l'exploit d'oublier tout mon dossier médical dans le sac d'Agathe, ce qui lui vaut de s'engouffrer à nouveau à toute vitesse dans le métro au dernier moment pour le récupérer.

Nous attendons longuement dans cette salle d'attente feutrée mais il semblerait que ce soit un moment agréable pour Maman et Aurélia qui ne se sont pas vues depuis Noël. J'ai comme l'impression que lorsque deux femmes se retrouvent après un certain temps, elles papotent à bâtons rompus pour une mise à jour complète de tout ce qu'elles n'ont pas pu partager depuis leurs précédents échanges !

Mais voilà qu'une fois dans la salle d'examen, un nouveau diagnostic autrement plus alarmant tombe comme un couperet : je serais a priori atteinte de la trisomie 18, ce qui est rarissime mais seule une amniocentèse permettrait d'en avoir la certitude absolue. En effet, j'ai un retard de croissance, mon cœur a une communication entre les ventricules, mon pied est en piolet, ma main crispée avec un chevauchement de l'auriculaire sur l'annulaire, j'ai une malformation aux reins... Bref, « cela fait beaucoup de lumières sur le tableau de bord » comme dit le docteur A, qui est une femme douce et franche à la fois, parlant sans gêne, ce que Maman apprécie.

Toutes ces lumières prises individuellement ne sont pas graves mais le fait de les voir s'additionner les unes aux autres est alarmant. En effet, la trisomie 18 est une anomalie chromosomique due à la présence d'un chromosome 18 supplémentaire ; en fait j'en ai trois au lieu de deux. Ce n'est plus le chiffre 21 qui vient parasiter mon système mais le 18 et c'est autrement plus lourd de conséquences pour moi...

Je n'ai pas le loto gagnant car trop de 18 dans la combinaison !

Mais surtout, c'est une malformation létale[6] ce qui signifie que mon pronostic vital serait très fortement compromis et que ma prise en charge se trouverait limitée à des soins palliatifs de support et de confort.

Mais ne dit-on pas que ce qui est rare est précieux ? Ça, c'est ma version optimiste car pour le monde qui m'entoure, je suis encore plus perçue comme une anomalie de la société. À quoi bon préserver un bébé qui n'aurait qu'une espérance de vie si infime ?

En sortant, Aurélia lui dit de ne pas se faire d'illusions sur la gravité de la situation et même si c'est douloureux pour Maman, c'est important que son amie lui reformule ce qu'elles ont entendu toutes les deux pour regarder la réalité, ma réalité, bien en face. Maman, tout en étant sous le choc, ne semble pas pour autant réaliser ce qui

6. C'est-à-dire qui entraîne la mort du bébé.

risque de se passer. Mais comment concevoir que l'on risque de perdre son bébé ? Elle s'efforce de se détacher de cette insupportable perspective pour pouvoir avancer.

Une grande force de vie l'habite.

Elles vont toutes les deux dans un restaurant chinois. La vie prend le dessus dans le quotidien des petits plaisirs de la vie ! Elles parlent de la difficulté de l'attachement.

Ensuite elles errent ensemble au Monoprix. Aurélia encourage Maman à m'acheter une belle tenue à me mettre le jour de la naissance. Pour elle, cela permet de s'attacher à moi et de ne pas me voir uniquement comme une liste non exhaustive de pathologies. Aurélia connaît la douleur de perdre un enfant… Elles se séparent dans le métro. Maman appelle mes frères et sœurs qui demandent aussitôt : « Alors, c'est bon, elle n'a rien ? » Elle touche soudainement du doigt la réalité de leurs inquiétudes qu'elle n'avait pas réalisées auparavant et les espoirs qu'ils avaient d'être rassurés par cette échographie. Les voir si déçus accentue pour Maman le poids de ce diagnostic si lourd…

Elle est du coup heureuse d'aller dans un bon restaurant entre amis où ils débouchent une bouteille de champagne. Cela lui fait un bien fou de profiter de cette soirée festive et chaleureuse !

Le lendemain, après une ballade à la Défense, tout ce petit monde va au cinéma.

Ce week-end est finalement très joyeux et Maman se fait bichonner par ses amis. Je suis contente pour elle ! Cela lui fait un break bienfaisant avant de reprendre le rythme effréné des examens médicaux qui s'annonce.

À notre retour dans le bordelais, Papa se sent désorienté face à cette nouvelle situation. Il espérait beaucoup que ce rendez-vous à Paris éclairerait aussi sa lanterne sur ce qu'il était possible de faire médicalement pour moi. Papa me compare à un enfant qui s'est brûlé et que l'on veut à tout prix soigner. Il sait qu'*in utero* il n'y a pas d'interventions possibles, et puis de toute façon, personne ne propose rien d'autre que l'avortement... mais pour la naissance, il est en quête de lumières pour mieux comprendre comment les choses risquent de se passer. Quelque part, ce n'est pas tant ce que j'ai de travers qui le préoccupe mais davantage les solutions médicales envisageables.

Papa et Maman sont aussi déconcertés que ce ne soit pas une trisomie 21 parce qu'ils se sentaient vraiment la force de l'affronter. Ils connaissaient quelques enfants atteints de ce handicap et les trouvaient très mignons. Et puis ce sont des bébés qui peuvent être ramenés à la maison et vivre au sein de leur fratrie. Il aurait juste fallu vivre un jour après l'autre et prendre le temps, tout doucement, de s'adapter à mon handicap. S'apprivoiser finalement !

D'une certaine façon, ils pensent l'un et l'autre que Dieu nous confie ce que nous sommes capables de vivre. N'auraient-ils pas assez d'amour à donner ? Seraient-ils indignes d'accueillir et de s'occuper d'un petit enfant sans défense ? Papa et Maman ressentent alors un vide profond en eux…

En effet, j'ai une lourde épée de Damoclès qui plane au-dessus de ma tête puisque je ne suis pas viable. Pour mes frères et sœurs, l'annonce de ma courte espérance de vie est accablante car ils espéraient que les nouvelles de Paris seraient rassurantes. Moi, je ne comprends pas bien ce que tout cela veut dire. Je n'ai pas encore vu le jour alors je ne sais pas ce que c'est que de vivre sur terre, ni même ce que c'est que mourir. Mais ce que je vois aujourd'hui, c'est une certaine forme d'angoisse qui touche tout à coup chaque membre de ma famille.

Dois-je avoir peur ?

Vais-je vivre dans ce monde que je ne connais pas, ou dans un au-delà que je ne connais pas non plus ?

Pour toute la famille, c'est devenu primordial de me donner un prénom au plus vite. Les propositions de mes frères et sœurs fusent de toute part mais pas toujours dans l'esprit que souhaitent mes parents. Par exemple mon frère aîné Paul veut m'appeler Victoire, ce que mes parents trouvent tout de même assez inadapté au contexte. En effet, cela signifie littéralement : issue favorable d'une bataille ! Bon, c'est vrai qu'il y a une certaine forme de bataille, mais on ne peut pas dire que l'aboutissement se présente pour le moment sous un auspice réjouissant...

Finalement, voilà l'histoire de mon prénom. Ma grand-mère paternelle a demandé à mes parents de choisir une neuvaine que toute la famille ferait à l'unisson pour moi.

Après réflexion, ils découvrent sur Internet celle de Louis et Zélie Martin qu'ils trouvent très belle mais aussi particulièrement appropriée parce que Zélie Martin a perdu plusieurs bébés. On pourrait penser que cela présage des perspectives pas très engageantes à première vue pour moi mais c'est avec confiance qu'ils choisissent ce prénom.

Et puis pour tout le monde, un prénom en Z, c'est chantant et joli !

Mais je m'appelle aussi Félicité et ce prénom a pour mes parents autant d'importance que le premier. La félicité s'apparente au bonheur, à la béatitude. De plus, tous les dimanches à la messe, le prêtre de notre paroisse récite la litanie des saints pendant la prière eucharistique dans laquelle figure ce prénom. Alors en le choisissant pour moi, ma famille l'entendra prononcer toutes les semaines !

Je suis gâtée car mes prénoms chantent « zoliment » la béatitude, que je vais connaître pleinement par la suite. Enfin, pas encore car avant il faut batailler...

En effet, suite aux différents rendez-vous avec le docteur G, mes parents sentent planer un malaise persistant. Les rapports sont froids et distants en raison d'une gêne réciproque qui alourdit l'atmosphère. Mes parents voient bien qu'il ne comprend pas leur désir de me garder alors que je porte un handicap aussi lourd et fatidique. Entendant cela, l'institut Jérôme Lejeune conseille alors à mes parents d'écrire ensemble une lettre, dictée par le docteur G. Une décharge en fait, pour tenter d'apaiser les relations…

Début mai, ce médecin leur récite alors la lettre à rédiger et tels des écoliers assidus, ils recopient consciencieusement et signent le mot suivant : « Nous soussignons Philippe et Marie-Liesse Vilain certifions que le Dr G nous a bien informé des risques que notre enfant soit porteur d'une anomalie génétique de type trisomie 18. Il nous a proposé une amniocentèse que nous avons refusée car nous n'envisageons pas de faire une interruption volontaire de grossesse. »

En écrivant ce papier lourd de sens, on aurait presque l'impression que mes parents écrivent leur *mea-culpa* de vouloir me garder. Je ne connais pas ce monde d'humains mais j'ai la désagréable impression qu'il ne l'est pas tant que ça…

À la suite de cela, comme par enchantement après cette lettre « magique », les relations se normalisent quelque peu et se dégèlent.

Mais il plane néanmoins toujours une incompréhension ambiante parce que le docteur G passe du coup de la proposition incessante de l'avortement à une perspective d'acharnement thérapeutique, ce qui n'est pas leur désir non plus !

Maman est accablée par toutes les contraintes qui tournent autour de moi et dont le milieu médical ne se soucie guère.

Les médecins ne sont alors d'aucune aide pour savoir comment réagir pour la suite. Papa et Maman entrent rapidement dans une période douloureuse où les questions fusent dans leur tête : quelle sera finalement mon espérance de vie, comment anticiper la douleur, que va-t-il se passer par la suite, est ce que je souffre, etc.

Maman vit, quant à elle, dans la crainte du regard des autres qui la font culpabiliser. Elle voit bien qu'ils se demandent quelle idée saugrenue ils ont eu de vouloir un cinquième enfant quand les quatre autres sont si pleins de vitalité ?

En refusant par ailleurs toute amniocentèse pour ne pas prendre de risque pour moi, ils se retrouvent subitement face à un grand mur d'incompréhensions et de reproches qui les laisse alors bien démunis et distillent en eux un sentiment confus de culpabilité. De plus, le docteur G affirme à mes parents que je souffre *in utero* et qu'en me laissant vivre, ils me maintiennent dans la douleur. Il évoque « une lente asphyxie » sans mesurer la portée de ses mots. Encore une fois, je suis bien impuissante à les rassurer.

Que faire ? C'est viscéralement insoutenable pour des parents d'imaginer que leur enfant souffre !

Mes parents appellent alors le père P, prêtre et médecin, pour lui demander conseil sur cette question primordiale de la souffrance. Comme il n'a pas la certitude de la réponse, ils téléphonent ensemble à la directrice de la maternité Sainte Félicité à Paris. Tout comme le médecin de l'institut Jérôme Lejeune, elle fait preuve d'une écoute attentive et patiente, ne posant aucune question déplacée. Le père P aide donc mes parents à poser les bonnes questions relatives à ma souffrance actuelle et à venir, à l'accouchement, etc.

Celle-ci leur affirme qu'*in utero* la maman pallie à tout ce qui ne fonctionne pas chez l'enfant.

Les voilà libérés d'une chape de plomb ! Quand je verrai le jour, il sera possible de remédier à la douleur qui sera pour le coup certainement réelle comme la détresse respiratoire par exemple, mais en attendant je suis comme un poisson dans l'eau, lovée là où je suis.

Je ne comprends pas pourquoi on veut retirer du ventre de sa maman un bébé qui serait comblé là où il est[7]. N'est-ce pas comme détruire un état de plénitude absolue, aussi éphémère soit-il ? Chacun semble être en quête permanente du vrai bonheur, mais quand il est là, si parfait, pourquoi vouloir tant s'acharner à le détruire ?

Ce chamboulement autour de moi laisse place à une véritable magie familiale.

Par des mots simples, Papa et Maman exposent à mes frères et sœurs, sans détour et clairement la réalité de la situation. Chacun parle alors, sans craindre de faire ressortir la peine des uns ou des autres. Dans un premier temps, mon frère Jean-Théophane ne comprend pas très bien pourquoi mes parents refusent l'avortement alors que j'ai si peu de chance de vivre. Maman lui explique que si Papa ou l'un de ses enfants était gravement malade, elle ne le tuerait pas pour autant et qu'elle s'efforcerait de veiller sur lui le plus longtemps

7. On ne sait cependant pas avec exactitude ce que le bébé ressent *in utero*.

possible. Elle ne peut pas, avec son cœur de maman, faire le choix délibéré d'écourter ma vie. Ayant compris le sens de l'accueil de ma vie telle qu'elle est, Jean-Théophane et toute ma fratrie sont merveilleux avec moi, leur petite sœur si particulière qui aurait pu décevoir leurs attentes. Ils le sont aussi avec Maman, l'entourant quotidiennement de bienveillance. Chaque matin et chaque soir, les uns ou les autres viennent me dire bonjour ou bonne nuit, caressant son ventre. Et pourtant ils ne me sentent pas du tout bouger car j'ai beaucoup de liquide amniotique autour de moi. Je suis comme dans une piscine géante d'eau tiède dans laquelle je peux faire à loisir toutes les galipettes possibles !

Le rêve pour un enfant non ?

Finalement, ils m'accueillent comme faisant partie des leurs, me rendant omniprésente au sein même de la famille et me confiant chaque jour dans leur prière. C'est beau car une unité familiale se met en place autour de moi.

Maman, qui craint de trop s'attacher à moi en sachant qu'il y a si peu de chance que je vois le jour, se dit que les enfants donnent de l'amour quand on ne peut plus en donner. Cela lui retire de la culpabilité d'avoir le sentiment de ne pas m'aimer autant qu'elle le souhaiterait.

Ils contribuent par la simplicité et la spontanéité de leurs réactions à remplir mon réservoir d'amour. Je suis comblée !

Sans eux au cœur de cette aventure périlleuse, toute la famille passerait à côté de magnifiques moments ! Et pourtant, ce n'est pas facile pour mes parents de coupler l'annonce de la joie d'une naissance avec un handicap si grand.

La vie, mais aussi une mort imminente qui se chevauchent l'une avec l'autre.

L'attente de la venue au monde d'un enfant mais aussi la perspective de sa mort certaine.

Autant de contradictions qui ouvrent une philosophie de vie : vivre intensément le moment présent sans se soucier du lendemain. Vivre chaque journée, l'une après l'autre. Cela fait partie de leur tempérament mais Papa et Maman sentent à ce moment-là que ce sera une question de survie.

À quoi bon se rendre malade pour ce que l'on ne peut pas changer ?

Lorsque les parents retrouvent le docteur G, le 22 juin pour une nouvelle échographie, celui-ci n'a jamais vu jusqu'à maintenant de cas de trisomie 18 sur son écran. D'une part parce que ce handicap reste rare, mais aussi parce que la vie de bébés aussi « malformés » que moi est tout simplement écourtée bien avant habituellement.

Grand passionné d'échographie depuis son origine, il semble presque vexé de ne pas avoir détecté lui-même cette nouvelle trisomie alors qu'il m'avait auscultée avec tant de curiosité la première fois. Il appelle alors sa collègue pour essayer de voir avec elle le détail de mon anatomie, semble-t-il tout à fait unique en son genre. Il n'a jamais vu d'enfant atteint de cette lourde pathologie arrivé à ce stade de croissance.

Je suis sous le feu des projecteurs, mais a priori pas dans le sens que l'on peut parfois espérer...

L'œil aiguisé et non sans une certaine excitation pour découvrir mon cas unique de plus près, il cherche en vain la communication intraventriculaire[8]. Celle-ci est encore légère donc difficile à détecter. Déçu, il tente alors de repérer les mêmes malformations de constitution que le docteur A avait vues à Paris. Avec sa collègue, ils commentent avec emphase ce qu'ils ont sous les yeux. Je suis en quelque sorte un cobaye médical ou alors un mini extraterrestre, je ne sais lequel choisir !

Papa fulmine à côté, outré de cette attitude désinvolte. Mes parents se disent

8. Défaut de fermeture de la cloison entre les ventricules droit et gauche du cœur, ce qui entraîne un passage anormal de sang entre eux.

alors qu'il faudrait peut-être basculer vers un autre établissement. La tension dramatique est au plus haut lorsqu'il faut décider où Maman va accoucher. Les parents se rendent à l'hôpital Bordeaux Nord, réputé pour son humanité et sa compétence. Un couple d'amis ayant vécu la même situation leur avait dit que cela s'était bien passé pour eux. De plus, ma grande sœur Agathe est née là et Maman en avait gardé un beau souvenir.

Mais après un entretien avec l'obstétricien, ils se prennent une claque magistrale en entendant ces paroles accablantes : « On ne pense pas pouvoir vous accueillir car ce serait trop traumatisant pour le corps soignant qui n'est pas formé à une telle situation. Je dois les consulter avant de vous répondre, et si un seul d'entre eux ne s'en sent pas capable, nous nous verrons dans l'obligation de refuser de vous accueillir. »

Le médecin démarre l'entretien en leur disant qu'il est encore possible d'interrompre la grossesse, et ce jusqu'à l'accouchement.

Maman n'ose pas l'exprimer à voix haute mais elle se dit en son for intérieur que le médecin est tout simplement en train de lui proposer un infanticide.

Je suis vraiment apeurée alors je me réfugie et me recroqueville au fond du ventre de Maman qui me porte en elle depuis déjà sept mois…

Par des paroles édulcorées il pose les premières barrières en leur disant que pour eux l'accouchement n'est pas un problème en soit, mais que c'est ma prise en charge qu'ils ne se sentent pas capables d'assumer. Le problème, c'est encore moi.

Papa, d'un naturel plutôt calme, n'est pas dupe de ce discours trompeur à ses yeux. Il retient son souffle et sent monter en lui une colère sourde et intense. Il bouillonne de l'intérieur. Il se retient de bondir de sa chaise, ses mains robustes de viticulteur le démangeant de lui asséner à son tour une raclée, mais non virtuelle cette fois.

Mais à quoi servent-ils donc s'ils ne sont plus là pour soigner ?

Papa se sent plonger en eaux troubles, totalement abattu, démuni et fou de rage. Nous sommes le 15 juillet, son épouse est là assise à ses côtés, le ventre rond et plein de leur enfant qui devrait venir au monde en septembre... Maman, d'un naturel toujours confiant, veut croire à une réponse positive.

En attendant, on les renvoie dans leurs pénates sans vergogne, avec toute une batterie d'examens à faire comme une échographie plus approfondie et une échographie de mon cœur.

À ce moment là, Papa fait le parallèle entre ce qu'il est en train de vivre et Saint Joseph qui ne sait pas où aller lorsque son épouse Marie doit enfanter : *« Il n'y avait pas de place pour eux dans la salle commune. »* (Lc 2, 4) En effet, la maternité les rappelle quinze jours plus tard, refusant de les prendre en charge et les orientant vers l'hôpital public Pellegrin à Bordeaux. Papa avait vu juste.

Ils se voient refuser un accueil mais ils ne savent pas encore que ce refus va s'avérer providentiel.

2

« Car tu comptes beaucoup à mes yeux,
tu as du prix et je t'aime[9]*. »*

Jusqu'ici, je vous ai brossé un tableau peu élogieux du monde médical qui nous a suivis et je ne voudrais pas que vous voyiez ma vie uniquement comme un pénible fardeau. Le 15 juillet est un véritable tournant dans ma vie, pour bien des raisons. L'expression pourrait faire sourire venant d'un tout petit bout de fille comme moi car on dirait une phrase de grande personne ! Certains vivent

9. Is. 43, 4.

une grande conversion qui bouleverse leur existence, d'autres rencontrent le grand amour ou démarrent subitement une vie professionnelle exaltante. Tous les tournants sont possibles. Eh bien pour moi Zélie, petite fille conçue sept mois auparavant, le tournant de ma vie est ma première vraie rencontre avec Maman. Vous me direz qu'elle me sentait vivre en elle et qu'elle m'avait déjà vu à travers les échographies précédentes, mais ce 15 juillet est un élan du cœur beau comme un coup de foudre !

Le docteur G n'ayant pas l'équipement suffisant dans son cabinet pour une échographie plus poussée a orienté mes parents vers la polyclinique Jean-Villar à Bruges afin de faire une échographie en 3 D. Nous sommes tous les trois, Papa, Maman et moi.

Bien sûr, je ne ferai pas fi de la gravité de mon handicap à nouveau flagrante sur l'écran, révélant toujours un tableau pas très reluisant avec tous ces voyants de trisomie 18 en alerte : une tétralogie de Fallot[10], des malformations congénitales des voies urinaires, doigts fléchis avec chevauchement, pieds en piolet, une oreille dysplasique…

Mais ce ne sont pas tous ces dysfonctionnements, qui font bien sûr que je suis ce que je suis, que je voudrais vous raconter. C'est une rencontre intime entre une mère et sa petite fille ! Maman avait très peur que mon visage ne soit déformé et d'éprouver alors pour moi une certaine forme de dégoût. Il faut dire qu'elle était allée voir sur Internet comment pouvait être le visage d'un enfant atteint de la trisomie 18, ce qui au lieu de la rassurer l'avait vraiment abattue et affolée. Elle exprime alors cette angoisse au docteur F et lui demande s'il est possible de voir mon visage.

En effet, toute maman connaît l'émerveillement que l'on peut avoir à

10. La tétralogie de Fallot est une malformation cardiaque congénitale.

contempler la beauté d'un petit visage de nourrisson tout neuf et parfait. Un beau visage hors du temps, à la peau fine, douce et laiteuse. Le patrimoine génétique d'un papa et d'une maman combiné, fruit de leur amour. Un visage plein de promesses, de confiance et unique au monde. Mais quand comme moi les malformations sont multiples, l'angoisse est là, dans les entrailles d'une mère.

Pendant ce moment magique, Maman peut me contempler en entendant avec délice mon cœur battre. Pour la première fois depuis cinq mois, le docteur F parle de moi, véritablement, en disant mon beau prénom, « Zélie », en disant « elle », « Zélie », « elle ». Des mots doux pour Maman, de véritables baumes au cœur !

Je suis au cœur de leurs échanges. Le docteur F me reconnaît une identité propre et me voit comme une petite fille bien vivante, et non plus un amas de cellules sans valeur, sans la moindre phrase déplacée à mon égard. En début de carrière elle a déjà mis au monde des bébés atteints de trisomie 18, même si ce n'est plus le cas aujourd'hui…

En zoomant sur mon visage, elle dit à mes parents une phrase superbe, qui comble littéralement Maman en particulier, « regardez comme elle est jolie !!! ».

Une phrase toute simple en soi, mais si importante et si précieuse !

La première échographie positive et un vrai temps de partage d'expérience entre le docteur et mes parents. Une heure trente de bonheur tout simple ensemble et notre plus belle intimité mère fille ! Et là, pour Maman, enfin, tout devient léger.

Cette reconnaissance de mon statut de petite fille de la part du corps médical permet à Maman d'être une mère aux yeux du monde. Elle se sent enfin le droit d'aller en paix au bout de cette grossesse, sans culpabiliser d'être ma Maman à moi ! Elle m'accueille pleinement et j'en suis si heureuse !

Des perspectives plus paisibles se profilent enfin. Ce sont les prémices d'un temps nouveau, porteur d'espérance.

Cette femme chaleureuse est la première à avoir tout compris car dès la fin de l'échographie, elle demande à Papa et Maman : « où souhaitez vous accoucher ? »

C'est si difficile d'exprimer ce que l'on veut lorsque l'on avance vers l'inconnu : quelles difficultés risquent de se profiler, les contraintes médicales à venir, ce qui fait vraiment souffrir... tout cela est source de tant de stress.

Ils peuvent exprimer avec confiance leur désir de ne pas avoir d'acharnement thérapeutique, que je ne souffre pas pour autant, et surtout, de me laisser mon temps de vie.

Ils désirent plus que tout que l'on me laisse vivre, mais aussi mourir naturellement.

Vaste programme non ?

Pendant ce rendez-vous, le docteur F parle à mes parents du service pédiatrique de Libourne qui ne leur avait pas semblé idéal au départ. Bordeaux Nord leur avait dit que Libourne n'était pas suffisamment équipé pour accueillir un enfant avec une telle pathologie et qu'il fallait aller aux tripodes à Bordeaux. Malgré tout, Bordeaux restait périlleux car trop loin de la maison. D'une part je suis la cinquième de ma fratrie, je suis très petite et surtout, nous ne savons pas si je vais vivre quelques secondes, minutes, heures, jours, voire semaines. Cela fait un peu trop de paramètres compromettants pour que Maman accouche trop loin de ma cellule familiale et j'ai très envie qu'ils viennent tous au plus vite me voir quand je pointerai le bout de mon nez !

Il me tarde moi aussi de tous les rencontrer. C'est ma famille !

Devant mes parents, elle appelle alors le docteur N qui est pédiatre à Libourne et lui explique mon cas, à savoir une « forte présomption de trisomie 18, non confirmée car pas d'amniocentèse, problème de rein et de cœur… ». Et tout en parlant à ce médecin, elle n'a de cesse de regarder mes parents et de vérifier si tout ce qu'elle dit est juste. Papa et Maman se sentent vraiment compris car elle a à cœur de satisfaire leurs attentes et d'être pleinement à leur écoute. Les échanges sont vraiment transparents.

Le Docteur N accepte aussitôt. Ouf, un docteur veut bien s'occuper de moi. C'est tout de même rassurant et agréable à entendre. Merci Docteur !

Un rendez-vous est pris aussitôt avec lui pour le 28 juillet.

Quel apaisement et quel soulagement pour mes parents. Ils y voient enfin plus clair et peuvent se projeter plus paisiblement vers la suite des événements.

Finalement la solution est à la porte de chez nous, à Libourne !

En effet, avec le docteur N tout va de mieux en mieux. L'équipe est formidable et nous bénéficions d'un véritable accompagnement personnalisé. Ainsi, Maman ne craint plus d'aller seule aux rendez-vous médicaux me concernant, ce qui facilite l'organisation familiale parce qu'ils s'enchaînent presque toutes les semaines. Papa peut alors davantage s'occuper des quatre autres enfants qui ont tout autant besoin d'attention.

Papa et Maman peuvent enfin poser des questions précises, ce qui leur permet de voir concrètement comment la naissance peut se passer. Mais la préoccupation capitale pour toute la famille est de savoir s'il est possible d'envisager de me ramener à la maison. Mes frères et sœurs en rêvent !

En effet, personne ne peut vraiment poser un pronostic vital car certains enfants atteints de la trisomie 18 vivent quelque temps. Le docteur F avait dit à Maman que je ne mourrai pas de mes malformations. Ils espèrent donc toujours inlassablement que je puisse vivre quelque temps.

Le docteur N est rassurant sur le fait qu'ils auront ce qu'il faut pour soulager ma douleur à la naissance. Par contre, il dit à mes parents de ne pas se faire trop d'illusions : il y aurait quatre-vingt-dix-neuf pourcents de chances que je ne rentre pas à la maison.

Papa et maman se raccrochent néanmoins à ce minuscule pourcentage restant et préparent mon arrivée en y associant mes frères et sœurs. Maman a lavé quelques petits vêtements pour moi et m'a même acheté une tenue de petite fille toute mignonne. Elle a aussi emprunté une poussette.

Ma marraine Karine et des amis viennent aider mes parents à remettre la maison en ordre car c'est un vaste chantier depuis qu'ils ont emménagé dans cette belle demeure qui nécessite encore des travaux de toute part. En une semaine, les chambres sont peintes, du jonc de mer posé et il y en a même une de prévue pour moi ! Mon petit univers familier commence à prendre forme.

Je suis heureuse de voir toute cette agitation pour m'accueillir car je sais que je suis attendue !

Depuis le début mes parents naviguent à vue, valsant d'incertitudes en incertitudes, alors pourquoi pas une de plus ? Je suis une petite fille handicapée, mais je suis en vie et personne ne peut estimer avec certitude l'heure de ma mort. Alors chacun continue de se projeter, un peu comme une personne âgée qui voit la fin de sa vie approcher à grands pas mais dont on continue de prendre soin et que l'on est heureux de gâter.

Donc l'espérance demeure, envers et contre tout !

3

« Un jour près de toi vaut mieux
que mille ailleurs[11]*. »*

Je suis toujours dans le ventre tiède de Maman. Je bouge mes petits bras, tape du pied et joue avec mes mains. J'entends les voix autour de moi. Mes frères et sœurs me caressent à travers la paroi du ventre de maman. Je suis aimée et désirée ; je suis heureuse !

Soudainement, les battements de mon cœur s'accélèrent. Je ne comprends pas et

---

11. Chant « Nous t'adorons dans ton temple » de Corinne Lafitte.

j'ai un peu peur. Une certaine forme de ténèbres s'immisce progressivement dans mon berceau maternel. Mon petit torse se contorsionne. Je ne comprends pas ce qui m'arrive. Je suis irrésistiblement attirée par une lumière radieuse. Un bien-être absolu m'envahit progressivement, comme si je m'immergeais dans une eau pure. Je ne baigne plus dans le liquide amniotique de Maman mais dans un Amour puissant et merveilleux qui se déverse sur moi et m'abreuve.

Nous sommes le mercredi trois août avec l'obstétricienne de Libourne, le docteur D, une femme que Maman rencontre pour la première fois. Mes frères et sœurs sont restés en vacances chez mes grands-parents à Arcachon.

Ce rendez-vous est le dernier de sa journée car elle veut être sûre d'être pleinement disponible et à l'écoute pour Maman. Il est dix-sept heures.

Elle aborde un certain nombre de questions qu'il faut prendre en compte pour préparer ma naissance : Maman veut-elle une péridurale ? Si j'entre en souffrance, est ce qu'elle souhaite une césarienne ? Ces décisions seront à prendre dans l'urgence alors mieux vaut anticiper autant que possible.

Elle présente sa collègue à Maman. Celle-ci serait susceptible de la remplacer si la naissance a lieu en plein mois d'août car elle sera en vacances. Juste avant de partir, elle veut vérifier si tout va bien pour moi et écoute mon cœur.

Il ne bat plus…

Le docteur D annonce alors à Maman : « Votre petite Zélie est morte. »

C'est la stupéfaction. Maman est sans réaction, comme assommée.

Quoiqu'on ait pu lui dire auparavant, elle ne s'attendait pas à me voir mourir si rapidement. Elle n'était pas prête. Mais est-on jamais prêt à perdre son enfant, la chair de sa chair ?

Elles la laissent seule pour qu'elle prévienne Papa au téléphone. Bien sûr, il s'y attendait mais il avait aussi en lui l'espoir que je vive un peu à leurs côtés. Et puis il se dit que c'est trop dur pour une maman d'avoir un bébé qui meurt dans son ventre. Vivre la souffrance de l'accouchement pour tenir dans ses bras une petite fille encore en vie, même pour peu de temps, aurait pu être intense.

Comme la tension de Maman monte comme l'éclair à dix-huit, elles l'installent dans une chambre sur un lit, et là, une fois seule, elle s'effondre : ses larmes coulent sans discontinuer.

Je n'ai jamais été aussi unie à elle qu'à ce moment là mais je n'en suis pas moins démunie pour la réconforter. Elle a tellement pris sur elle jusqu'à maintenant pour toujours maîtriser ses émotions mais aujourd'hui, elle laisse sa tristesse de maman s'exprimer.

Quelle déception immense !

Je suis morte, mais je ne suis pas encore née.

Maman porte en elle et mettra au monde sa petite fille morte.

Son ventre devient mon cercueil.

Ces deux femmes médecins sont heureusement d'une gentillesse incroyable. Elles passent la voir toutes les cinq minutes dans sa chambre, lui caressant la main avec affection, presque maternelles. Ce geste si simple et si discret lui fait un bien fou car elle ne se sent pas seule même si Papa n'est pas encore là. Elles l'encouragent à ne pas avoir peur de pleurer. Leur compassion est réelle alors elle se sent entourée.

Maman quitte la maternité vers vingt heures avec des cachets à prendre pour déclencher l'accouchement trois jours plus tard.

Le lendemain, Papa et Maman ont à cœur de s'occuper de moi car ils sentent que ce sont les derniers instants où je suis encore présente physiquement avec eux.

Ils se rendent aux pompes funèbres pour s'occuper de mon enterrement à venir, et achètent des lys blancs pour moi. Mon premier bouquet ! La fleuriste est pleine de délicatesse car elle veut tout faire pour que les fleurs soient ouvertes le jour de l'enterrement et ira même jusqu'à les emporter au reposoir de la maternité alors qu'il y en a juste pour dix euros de fleurs.

Papa offre un parfum à Maman.

Contre toute attente, pendant ces démarches en apparence pesantes, ils se sentent dans la paix, malgré leur tristesse et leur déception. C'est un moment très particulier, comme si le temps était suspendu, une parenthèse vécue pleinement à deux uniquement car ils ont gardé pour eux le fait que je ne vis plus.

Maman s'efforce de ne pas trop s'attacher à ce qu'elle peut ressentir à l'idée de porter un enfant mort en elle. Ne pas s'épancher sur elle-même lui fait tenir son cap mais elle se surprend de n'être pas horrifiée par cela. C'est un peu comme si quelque chose la dépassait. Une grande force de vie l'habite, alors elle se laisse porter, tout simplement.

De mon Éternité, je suis attendrie et touchée de les voir s'occuper de moi. Je suis passée d'une relation privilégiée et fusionnelle avec Maman où je partageais ses émotions, à une place invisible et aimante entre mes deux parents.

Je suis plus que jamais avec eux !

En fin d'après-midi, alors qu'ils viennent de rentrer à la maison, Maman perd les eaux. Ils partent pour la maternité, non sans inquiétude que je naisse pendant le trajet. Ils appellent la maternité pour prévenir de leur arrivée anticipée car ils ne m'attendaient que le lendemain pour un déclenchement. Ils sont attendus à l'entrée par l'équipe qui prend Maman en charge et l'installe dans une chambre. Là, au calme, mes parents appellent mes frères et sœurs qui sont toujours avec mes grands-parents. Ils souhaitent que la famille vive ces moments cruciaux jusqu'au bout tous ensemble et ne veulent pas leur annoncer mon décès seulement au moment de ma naissance.

C'est une curieuse phrase que celle-ci dans laquelle la naissance et la mort se rejoignent pour ne faire qu'un.

Papa a d'abord Paul, puis Jean-Théophane, puis Ombeline et enfin Agathe. Ce moment là est pour Papa et Maman le plus douloureux depuis le début parce qu'ils savent combien chacun souhaitait ardemment que je vive, ne serait-ce que quelques minutes. Mes frères et sœurs pleurent tous et manifestent une tristesse intense et profonde. Leur déception est immense !

Pour Maman, c'est trop dur de ne pas être à leurs côtés pour les consoler. Elle a le cœur meurtri pour chacun de ses enfants en les entendant pleurer chacun leur tour. Elle déverse avec eux une pluie de larmes.

Et moi, je partage à nouveau leur peine... J'aurais préféré leur faire le cadeau de me voir vivante. La Sainte Vierge est venue me prendre dans le ventre de Maman, me faisant ainsi la grâce que je ne souffre jamais dans mon corps.

La douleur des différents traitements que j'aurais pu subir après ma naissance si j'avais vécu m'a été épargnée.

Mais ma douleur aujourd'hui, en cet instant, est de provoquer une infinie tristesse à ma famille...

Alors moi aussi, je pleure avec eux.

Je devrais normalement naître dans la nuit. Cependant, Papa s'est engagé chaque semaine pour une heure d'adoration entre deux heures et trois heures du matin. Il est bien tard pour trouver un remplaçant et l'Église est toute proche de l'hôpital. Comme Maman l'encourage à y aller parce qu'elle se sent bien entourée, il y va et la laisse avec le personnel médical qui est si attentionné avec elle.

Ils se disent par ailleurs que ce ne serait quand même vraiment pas de chance que la naissance ait lieu pile dans ce créneau horaire là et que c'est sans doute important d'aller prendre des forces dans un moment pareil. Ainsi, Papa se sent utile face à cette situation qui le laisse démuni. Il est heureux d'aller prier pour son épouse car tout cela lui paraît trop éprouvant pour une maman physiquement, psychologiquement…

Comment réagir face à la naissance d'un bébé mort ?

Devant le Saint-Sacrement, Papa prie, mais il n'est pas vraiment en paix. Il ne ressent ni détresse, ni colère, mais il vit un temps d'attente. Il a le sentiment d'un retour à la case départ, comme s'il était au début d'un nouveau chemin car leurs projets de vie sont à nouveau chamboulés. C'est le vide mais il veut être disponible pour le combler. L'adoration lui permet de remettre tout ça au Seigneur et de se sentir un peu réconforté. La blessure est là, bien réelle, alors il cherche à la soigner dans ce temps de prière. Il Lui confie toute notre famille afin qu'elle continue d'avancer.

En même temps, il se demande inlassablement ce qui se passe pour Maman.

À la maternité, tout s'accélère et je me prépare à naître. C'est beaucoup dire car je ne peux plus guère aider Maman à me mettre au monde et je la vois souffrir pour accoucher. Maman aurait voulu au départ ne pas avoir de péridurale et puis finalement elle se dit : « À quoi bon souffrir pour cette naissance ? » Elle vit dans l'instant présent, dans la douleur de l'accouchement qui est tenace car la péridurale ne marche finalement pas bien. Elle ne pense pas à la petite fille qu'elle va découvrir. Seule la souffrance domine.

Il est deux heures quinze. Maman m'a mise au monde mais je suis déjà avec Papa. Il ne peut être plus près de moi que là où il est, devant le Saint-Sacrement. Mon corps sans vie quitte celui de Maman, mais je vis mon premier vrai cœur à cœur avec Papa dans l'adoration. *« Tout est accompli. »* (Jn 19, 30)

Je savoure cette belle rencontre entre lui et moi.

Maman se sent soulagée que la naissance soit passée ; elle fut bien éprouvante.

Les infirmières lui demandent si elle veut que l'on pose mon corps sur elle. Elle n'y avait pas pensé un seul instant. Elle a peur du petit cadavre qui se présente à elle. Maman se dit qu'elle a donné ce qu'elle pouvait mais qu'elle ne peut pas plus. Elle est mal à l'aise…

Je la comprends car je ne suis plus la petite fille dont elle rêvait, mais je la vois cependant toucher ma main et mon petit pied encore tout tiède qu'elle trouve jolis.

Les infirmières emmènent mon corps pour en prendre soin. Elles l'enveloppent délicatement dans un lange. Maman aurait voulu que je porte les petits vêtements qu'elle avait préparés mais elles ne peuvent pas me les mettre, de peur de m'abîmer.

Papa revient tranquillement vers la maternité, sans savoir encore que je suis déjà née. Il lève les yeux vers la fenêtre de notre chambre. Il se dit qu'il faudrait sûrement un peu se dépêcher, et en même temps, à quoi bon se précipiter vers la mort...

Quand Papa rejoint Maman, le personnel médical est encore en train de me préparer. Les infirmières ont pris des photos de moi pour les leur montrer, en particulier mes petites mains que Maman avait demandées. C'est une première étape pour me découvrir physiquement en douceur. C'est vrai que je ne suis pas le joli bébé qu'ont pu être mes frères et sœurs. Ma peau est fripée d'être restée sans vie dans le liquide amniotique, comme quelqu'un qui se serait prélassé trop longtemps dans son bain. Du coup, on ne peut pas me caresser pour ne pas m'abîmer. Je suis si fragile qu'il faut me tenir avec une infinie douceur.

Elles ont aussi fait l'empreinte de mon pied. Une fois que mon corps est préparé, Papa me prend dans ses bras. Je suis emmitouflée alors on ne voit pas beaucoup mon visage, je porte un petit bonnet et suis dans une sorte de petit couffin. Maman demande alors la permission de me prendre dans ses bras. C'est un peu comme si ce bébé n'était déjà plus le sien.

Maman m'a mise au monde, mais elle souffre de n'avoir pas pu me donner la vie.

Mes frères et sœurs sont impatients de venir me voir et de consoler Maman. C'est important pour eux car les échographies ne suffisent pas ; ce sont des photos toutes plates, une vue inachevée de ce que je suis vraiment. Ils veulent voir à quoi je ressemble.

Le lendemain matin, lorsqu'ils arrivent dans la chambre, ils me cherchent. Papa et Maman leur demandent alors s'ils souhaitent ou non me voir. Voyant leur impatience, ils leur montrent d'abord les photos de moi pour éviter qu'ils ne soient impressionnés.

Les parents appréhendaient beaucoup ce moment là, et contre toute attente, ils sont bluffés par la simplicité de leurs réactions. Maman me porte d'un enfant à l'autre. Elle qui craignait tant de m'avoir dans ses bras, fait le lien entre moi et chacun de mes frères et sœurs.

Ils dédramatisent complètement la situation, tout heureux de me porter chacun leur tour. Tout paraît irréel ! Je vois sur leurs visages une émotion intense, un étrange combiné de joie et de tristesse. Pour mes parents, cette scène est un cadeau inespéré, incroyable, et pour moi, cette rencontre avec ma fratrie est si belle !

Chacun des enfants, à ce moment là, me reconnaît comme sa petite sœur, et sans le savoir, ils aident mes parents à vivre pleinement ces moments familiaux si intenses et beaux.

Je suis morte, mais ce sont eux qui me donnent vie. Ils m'octroient une place au sein de notre famille.

Je suis heureuse de tant d'amour reçu dans cette chambre de maternité. Tout est cadeau !

4

« Tu seras ma fiancée,
et ce sera pour toujours[12]*. »*

Ma messe d'« à Dieu » a lieu le mardi 9 août 2011, jour de Sainte Bénédicte de la Croix. Notre famille, beaucoup d'enfants, des chefs et cheftaines scouts et de très nombreux amis sont là pour entourer ma famille alors que nous sommes au milieu des grandes vacances. Cette période estivale n'a pas empêché l'école d'envoyer une grosse gerbe de fleurs à mon nom.

12. Os. 2, 21.

Quelle foule est là pour moi Zélie ! Ma vie a aujourd'hui une si grande valeur !

Maman, qui appréhendait de se trouver au centre de cette messe, se sent portée, soutenue et réconfortée par toutes ces personnes, dont certaines sont venues de loin.

Pour rentrer dans l'église, mon cercueil est si minuscule et si léger, comme une boîte de poupée, qu'une seule personne peut aisément le porter. Alors c'est mon Papa qui monte l'allée avec mon petit corps dans ses bras.

Lors des mariages, ce sont les papas qui mènent leur fille à leur futur mari qui les attend au pied de l'autel. C'est toujours un moment fort en émotion et qui attire tous les regards de l'assemblée. La symbolique d'un père qui va confier sa fille à son futur gendre. Et lorsqu'elle est aux côtés de son fiancé, le papa se retire et rejoint l'assemblée, laissant sa fille devant lui et dans de « bonnes mains ». Du moins l'espère-t-il !

Aujourd'hui, la perspective est moins joyeuse, mais pas moins émouvante. L'assemblée autour de nous semble touchée de voir Papa me porter ainsi. Il dépose lui aussi au pied de l'autel sa mission de père.

L'accueil à bras ouverts de ma vie de petite fille handicapée est ici offert.

Pour lui, je viens de Dieu, et je retourne vers Lui. Je n'ai pas eu le temps de vivre à ses côtés sur cette terre, il ne m'a pas vu grandir mais il me remet dans les mains de Dieu pour l'éternité.

« *Tu seras ma fiancée et ce sera pour toujours.* »

Je suis comblée de ce qui se vit aujourd'hui de si fort et si beau. Les grâces surabondent !

En préparant cette messe, mes parents ont été heureux de s'occuper ainsi pleinement de moi. Jamais ils n'auraient osé choisir ces textes du jour, de peur d'être prétentieux. Ils sont gâtés car ce sont de véritables paroles de consécration :

Je vais l'entraîner jusqu'au désert, et je lui parlerai cœur à cœur. Là, elle me répondra comme au temps de sa jeunesse, au jour où elle est sortie d'Égypte. Tu seras ma fiancée, et ce sera pour toujours. Tu seras ma fiancée, et je t'apporterai la justice et le droit, l'amour et la tendresse ; tu seras ma fiancée, et je t'apporterai la fidélité, et tu connaîtras le Seigneur. Os. 2,16b 21-22 (Texte lu par mon frère Paul.)

Puis ma marraine chante le psaume d'une voix uniforme et émue. C'est l'histoire d'une jeune fille qui retrouve son époux :

Écoute, ma fille, regarde et tends l'oreille ;
Oublie ton peuple et la maison de ton père :
Le roi sera séduit par ta beauté.
Fille de roi, elle est là, dans sa gloire,
Vêtue d'étoffes d'or ;
On la conduit, toute parée, vers le roi.
Des jeunes filles, ses compagnes, lui font cortège ;
On les conduit parmi les chants de fête :
Elles entrent au palais du roi.

À la place de tes pères se lèveront tes fils ;
Sur toute la terre tu feras d'eux des princes.
Ps 44 11-17

Ensuite le prêtre lit l'évangile choisi par mes parents car il les avait touchés en début de grossesse.

« *Une pensée lui vint à l'esprit : qui pouvait bien être le plus grand d'entre eux ? Mais Jésus, sachant ce qui se discutait dans leur cœur, prit un petit enfant, le plaça près de lui, et leur dit : "quiconque accueille ce petit enfant à cause de mon nom, c'est moi qu'il accueille, et quiconque m'accueille accueille Celui qui m'a envoyé ; car celui qui est le plus petit parmi vous tous, c'est celui-là qui est grand".* » Luc 9,46-48

Pendant l'homélie, l'Abbé rappelle à chacun que l'objectif essentiel auquel il faut tendre en tant que chrétien est de guider nos enfants vers la sainteté pour atteindre le Ciel. La Mission de Papa et Maman, en tant que parents, a bel et bien été déposée aujourd'hui devant l'autel. À travers eux et leur démarche de foi chrétienne, je voue ma vie à Dieu.

Moi, leur petite fille Zélie, je trace à présent la route pour ma famille.

Paul, Jean-Théophane, Ombeline et Agathe sont heureux et fiers que leur petite sœur soit une sainte malgré ma minuscule petite vie cachée dans le ventre de Maman. Cette image glorieuse de la mort est accessible aux enfants qu'ils sont. Je deviens à leurs yeux une petite sœur qui a atteint la plénitude du Ciel et peut les guider dans leur chemin de foi.

Cette messe magnifique est pleine d'espérance. Je les vois tous dans une paix profonde que je partage avec eux.

À la sortie, Papa qui me porte à nouveau dans ses bras, suit le père P et l'abbé qui marche devant lui avec sa si belle chasuble. Je vois bien que c'est un moment fort pour lui. Il a le sentiment de vivre mes vœux solennels. Il faut dire aussi que le 16 juillet, jour de Notre Dame du Mont Carmel, ils étaient allés tous ensemble aux vœux solennels d'une cousine de Maman, maintenant carmélite. D'être aux cotés de cette jeune fille qui se remettait totalement au Seigneur et qui donnait tout dans un grand dépouillement les avait beaucoup touchés. Aujourd'hui, retomber sur les textes de Sainte Thérèse Bénédicte de La Croix est à leurs yeux une association. Sans se le dire tout de suite, Papa et Maman ont chacun le sentiment de me consacrer à Dieu.

Avant que mon corps ne soit mis dans le corbillard, le prêtre embrasse respectueusement mon petit cercueil.

Celui-ci est ensuite déposé dans le caveau familial. Mon corps repose à côté de ma famille du Ciel.

Ma grand-mère qui aimait tant les enfants, m'accueille. Maman m'a confiée à sa mère : elle se sent apaisée et consolée de savoir que je suis maintenant auprès d'elle.

Aujourd'hui, « *Tout est accompli* » (Jn 19, 30).

Une puissance de vie rejaillit sur chacun des miens mais aussi sur toutes les personnes qui sont là autour de nous.

Je suis Zélie, Marie, Félicité et ma vie continue ici et Au-delà.

Lettre écrite par Paul (14 ans),
Jean Théophane (12 ans),
Ombeline (11 ans)
et Agathe (7 ans).

Juin 2013.

Chère Zélie,

Ce soir, la grande dame brune est revenue à la maison, pour nous poser des questions sur ce que nous avons vécu avec toi. Nous devons avouer que nous étions un peu inquiets parce que ce n'est pas si facile de parler de toi, notre petite sœur et nous avions peur que cela nous fasse à nouveau de la peine.

Mais tu fais partie de notre famille alors c'est chouette que nous te donnions à nouveau toute la place que nous souhaitons que tu aies parmi nous.

Nous voulons te dire combien nous avons été heureux lorsque nous avons su que Maman t'attendait parce qu'avoir un bébé dans notre famille était notre vœu à tous. Nous aurions pu t'appeler Désirée, mais bon tu es déjà gâtée avec Zélie et Félicité, il ne faudrait pas non plus te donner trop de prénoms car les autres perdraient toute la symbolique qu'ils portent en eux !

Nous avons su très rapidement que tu serais atteinte de la trisomie 21 et nous n'avons pas eu peur de cela. Moi, Paul j'avais tout de même quelques inquiétudes par rapport à la trisomie 21. Je craignais que ton visage ne change pas et que tu ne sois pas vraiment unique puisque tu aurais eu des traits de visage communs à d'autres enfants qui portent la même anomalie chromosomique que toi, mais qui ne sont pas pour autant de notre famille !

Tu ferais sans conteste partie de la nôtre mais pas totalement physiquement. Un peu comme si on nous dépossédait de notre petite sœur qui serait différente du reste de la fratrie. Tu aurais fait partie de deux familles : celle de ton sang et celle de ton patrimoine génétique.

Mais nous ne te voulions rien que pour nous !

Ensuite, tu nous as fait une bien mauvaise surprise lorsque nous avons découvert qu'il y aurait de fortes chances que tu sois atteinte de la trisomie 18. Nous n'étions pas inquiets du handicap en tant que tel mais nous avons eu peur de n'avoir pas la chance de te connaître, ni de vivre quelque temps avec toi. C'était très dur de savoir que tu allais certainement mourir sans connaître la vie sur terre avec nous. Pendant toute la grossesse de Maman, nous avons prié, espéré sans fin que tu vives un peu à nos côtés, que nous puissions te serrer bien vivante dans nos bras, même quelques secondes.

Tu nous as fait vivre des moments angoissants parce que nous n'avons pas cessé de garder espoir, pour ensuite le perdre, en chercher un nouveau, qui finalement ne se réalisait pas.

C'était comme si nous prenions un escalier à l'envers !

Nous avons valsé d'espoir en déception, vivant en alternance la joie et la tristesse.

Nous aurions tellement préféré que tu connaisses la vie d'ici-bas, avec nous. Cela aurait été tellement merveilleux de te voir sourire, t'apprendre à parler, faire du vélo, gazouiller dans la voiture, te prendre dans nos bras, te lire des histoires, fêter Noël avec toi, t'entendre prononcer nos noms, rigoler, sauter sur le trampoline, te montrer nos cabanes… Tous ces moments si précieux de notre enfance que nous aurions pu vivre ensemble ! Alors à ta mort, tous les espoirs se sont écroulés et notre douleur a été vraiment profonde, même si nous étions tout de même soulagés que tu n'aies pas souffert… Nous n'aurions pas aimé non plus que tu passes ta vie à subir des soins médicaux tout le temps.

Mais malgré tout, nous ne savions plus à quelles rambardes nous raccrocher…

Nous n'avons pas eu peur de te voir morte et lorsque nous t'avons eu chacun notre tour dans nos bras, toi, si petite, si légère, et si mignonne à nos yeux, nous avons eu la certitude au fond de nous que tu étais bel et bien notre petite sœur de sang et de cœur. Même si notre douleur était grande bien sûr ! Nous n'avions pas conscience que nous t'aimions autant et que tu avais tant d'importance pour chacun de nous. Nous t'avions attendu pendant neuf longs mois. Presque une année de notre vie faite d'encouragement, de patience, de prière, d'inquiétudes et d'espoirs confondus.

Et tout cela, nous l'avions dans nos bras, toi le fruit de tant d'émotions !

C'est difficile pour nous d'exprimer ce que nous avons pu ressentir à ce moment là parce que c'était un mélange de joie et de tristesse. Nous aurions voulu que tu gigotes ou que tu pleures, mais non, ton petit corps était sans vie, un peu comme si tu dormais profondément, emmaillotée dans ta petite polaire.

Sous les traits d'une petite fille fragile et abîmée, tu nous confirmais que même cachée dans le ventre de Maman tu existais réellement, en chair et en os.

Aujourd'hui, tu restes notre bébé et tu peux être partout là où nous aimerions que tu sois. Nous imaginons ton caractère, et le façonnons un peu au gré de nos envies.

Mais tu es surtout la toute petite sainte de notre famille. Les saints peuvent paraître vagues et lointains, mais toi comme tu es notre petite sœur, tu es toute proche. Alors nous te confions nos intentions, et toi tu sais à quels moments tu peux nous aider.

Aujourd'hui tout est terminé parce que les mauvaises tristesses sont derrière. Zélie commence par un Z, la dernière lettre de l'alphabet, ça veut dire la fin. Mais tu es pour nous une victoire de toute notre famille.

Tu as rejoint notre famille d'en Haut tout en étant présente dans notre vie. Tu veux nous donner de la joie alors nous ne voulons pas laisser la tristesse nous envahir et nous enfermer sur nous-même. Nous voulons profiter pleinement des moments joyeux et vivre le moment présent.

Nous espérons que comme tu sens que nous t'aimons, tu nous aimes toi aussi en retour.

Et quand la mort aura remplacé la vie en nous, accueille-nous à ton tour pour notre entrée au Ciel.

Tu es notre petite sœur pour l'éternité.

PS : le 6 octobre 2014, une autre petite sœur toute mignonne est née dans notre famille, trois ans après toi. Elle s'appelle Solange ! La même semaine, les parents nous annonçaient l'édition de ton histoire…

Tu ne nous aurais pas fait un sacré clin d'œil par hasard ?

Composition et mise en pages réalisées par
LG Compo - 28200 - Châteaudun
Février 2015

Dépôt légal : mars 2015
IMPRIMÉ EN FRANCE

Achevé d'imprimer le 2 mars 2015
sur les presses de l'imprimerie « La Source d'Or »
63039 Clermont-Ferrand
Imprimeur n° 17683

PEFC/10-31-2008

Dans le cadre de sa politique de développement durable,
La Source d'Or a été référencée IMPRIM'VERT®
par son organisme consulaire de tutelle.
Cet ouvrage est imprimé - pour l'intérieur -
sur papier bouffant « Munken Print White » 80 g (main 1,8)
provenant de la gestion durable des forêts,
produit par des papetiers dont les usines ont obtenu
les certifications environnementales ISO 14001 et E.M.A.S.